CON GRIN SUS CONOCIMIENTOS VALEN MAS

AF150867

La representación visual del idioma español en los paisajes lingüísticos alemanes. Una investigación cualitativa

G R I N ☺

Bibliographic information published by the German National Library:

The German National Library lists this publication in the National Bibliography; detailed bibliographic data are available on the Internet at http://dnb.dnb.de.

ISBN: 9783346363633
This book is also available as an ebook.

© GRIN Publishing GmbH
Nymphenburger Straße 86
80636 München

Print and binding: Books on Demand GmbH, Norderstedt, Germany
Printed on acid-free paper from responsible sources.

The present work has been carefully prepared. Nevertheless, authors and publishers do not incur liability for the correctness of information, notes, links and advice as well as any printing errors.

GRIN web shop: https://www.grin.com/document/980718

Una investigación cualitativa de la representación visual del idioma español en los paisajes lingüísticos alemanes

(¿Hasta qué punto se encuentra el idioma español en el público alemán? ¿Qué función desempeña el español en este contexto?)

1. Introducción

Después de que Alemania experimentara un auge económico tras la segunda guerra mundial, también comenzó la migración española hacia la República Federal de Alemania. En general, la proporción de migrantes en Alemania es de casi el 19,3 % (según el microcenso de 2010). De ellos, casi el 9,1 % (alrededor de 1,4 millones de personas) provienen del sur de Europa. En el período de los acuerdos de reclutamiento a partir de 1955, los inmigrantes de España, Italia, Portugal y Grecia vinieron a Alemania principalmente como trabajadores invitados. A mediados de la década de 1990, más europeos del sur regresaron a sus países de origen desde a Alemania. Sin embargo, debido a la crisis económica, el número de inmigrantes de estos países a la República Federal de Alemania ha aumentado de nuevo desde 2010. Según el Informe de Migración de la Oficina Federal de Migración y Refugiados, en 2012 se registraron un total de 37 683 inmigrantes españoles, frente a sólo 17 144 emigrantes. (Haase 2014, pág.1).

Estos datos demuestran que Alemania es un país de inmigración, en el que viven diversas culturas y se hablan diferentes idiomas. Por lo tanto, es un país que se caracteriza por el multilingüismo y no es sorprendente que el espacio público en Alemania se caracterice por el multilingüismo visual. Todos los días en el espacio público, se puede encontrar una multitud de signos visibles de diferentes tipos y en diferentes idiomas, pero apenas se perciben conscientemente las manifestaciones escritas del multilingüismo externo e interno.

Este trabajo trata de la visibilidad del idioma español en el espacio público de Alemania. Se analizan diferentes escaparates, letreros o nombres de restaurantes, que provienen de la Cuenca del Ruhr. Por lo tanto, las dos cuestiones centrales de este trabajo son las siguientes: ¿Hasta qué punto se encuentra el idioma español en el público alemán? ¿Qué función desempeña el español en este contexto? Para responder a estas preguntas, primero se define con mayor precisión el término *linguistic landscape*. Luego se presentan los cuatro principios de estructuración de Ben-Rafael. Con la ayuda de estos principios, se pueden investigar las diferentes funciones del idioma español en el público alemán y también analizar a qué clientela se dirige. A continuación, se examinan los signos individuales, los nombres de los restaurantes y los escaparates con respecto a su percepción y función. En el último capítulo se resumen una vez más todos los resultados más importantes y el trabajo termina con una conclusión sobre las cuestiones planteadas al principio.

2. Definición: Linguistic landscape

La coexistencia de varias culturas e idiomas, especialmente en público, puede tener diferentes funciones. El «paisaje lingüístico» (*linguistic landscape*) es un campo de investigación relativamente nuevo que se ocupa de la investigación del lenguaje diseñado visualmente en el espacio público. El término «paisaje lingüístico» se refiere a las «señales, pancartas, vallas publicitarias, pósteres, letreros luminosos, escaparates, carteles y rótulos institucionales o privados visibles en el espacio público» (Franco-Rodríguez 2007, pág.2). El objetivo del área de investigación es reflexionar sobre la medida en que la visibilidad de un lenguaje da forma al espacio público (Ziegler 2018, pág.13). Se investiga la función, la aparición y la distribución del lenguaje en el espacio público.

En el mundo actual, el «paisaje lingüístico» reviste especial importancia, ya que proporciona información sobre la distribución geográfica de un grupo lingüístico, las fronteras lingüísticas y el uso del idioma en las instituciones públicas y privadas de una zona determinada. Dado que los idiomas son visibles en diversos grados, el «paisaje lingüístico» también puede representar la forma en que la coexistencia de minorías y mayorías funciona en la esfera pública.

Desde entonces, ha habido un importante campo de investigación en lingüística que se ocupa de la visualización de la escritura en el espacio público y privado. La mayor parte del trabajo de «paisaje lingüístico» se basa en el estudio de Landry y Bourhis, quienes investigaron la influencia del «paisaje lingüístico» de las minorías francesas en el Canadá. Según Landry y Bourhis el término «paisaje lingüístico» se define como "the visibility and salience of languages on public and commercial signs in a given territory or region" (Landry/ Bourhis 1997, pág.23). La representación visual del lenguaje incluye, en particular, signos como carteles de calles y tiendas, anuncios, graffitis o información gráfica general, que pueden ser analizados con respecto a las intenciones que se esconden detrás de ellos.

„The language of public road signs, advertising billboards, street names, place names, commercial shop signs, and public signs on government buildings combines to form the linguistic landscape of a given territory, region, or urban agglomerate" (Landry/ Bourhis 1997, pág.25).

Además, Landry y Bourhis también distinguen entre *private signs* (bottom up) und *public/ government signs* (top down). *Private signs* incluyen carteles privados de empresas o tiendas, carteles publicitarios en el transporte público o en vehículos privados y *public signs* son señales de tráfico, carteles de topónimos o nombres de calles en edificios oficiales como escuelas, universidades, hospitales. Sin embargo, *public signs* son más reveladores que *private signs*, ya que muestran el poder relativo y el estatus del grupo lingüístico y dominante en una zona determinada, mientras que los signos privados están formados sólo por individuos (Landry/ Bourhis 1997, pág.26).

Además, la apariencia visual de ciertos idiomas en el espacio público tiene dos funciones principales: la función funcional y la función simbólica (ibid.).

Se entiende por función funcional la información que el «paisaje lingüístico» revela sobre sus habitantes. Sobre la base del «paisaje lingüístico», se puede identificar la marcación territorial en el espacio público, así como las lenguas que se hablan en esta región. Esto significa que la función informativa tiene la tarea de reconocer qué idioma se utiliza en qué región y en qué medida (ibid.).

La presencia de los idiomas en el espacio público también puede tener una función simbólica. Según Landry y Bourhis, esto significa la presencia de la propia lengua en el territorio, que puede simbolizar fuerza, vitalidad, valor y dominio (ibid.).

2.1 El paisaje lingüístico según Eliezer Ben-Rafael

Otro estudio relevante y uno de los más citados es el de Ben-Rafael Eliezer. Examinó la visibilidad de los tres idiomas en Israel, a saber, el hebreo, el árabe y el inglés y caracterizó el paisaje lingüístico por medio de cuatro principios centrales. Los principios de estructuración deben ayudar a comprender y analizar la función y la intención del uso del paisaje lingüístico por parte de los actores.

El primer principio presentado por Ben-Rafael es la *presentación of self* y, como el nombre lo sugiere, trata del yo y de la propia identidad. La motivación aquí es distinguirse de los demás actores y demostrar su singularidad creando un nombre memorable y digno de ser recordado. Por lo tanto, utilizan formas y medios extremos para mostrar su singularidad. Según Ben-Rafael, este es el principio más importante y es esencial para comprender el fenómeno lingüístico de los paisajes lingüísticos (Ben-Rafael 2009, pág.45).

El segundo principio se llama *good-reasons* y se utiliza a menudo para el uso de paisajes lingüísticos. Mientras que los actores del *presentation of self* pretenden centrarse en sus propios valores, los actores del segundo principio están interesados en tener en cuenta los valores del público y satisfacer sus deseos y necesidades. Una estrategia para aplicar el principio puede ser, por ejemplo, la utilización de características culturales como el uso de nombres de personas famosas (ibid.).

Collective-identity representa el tercer principio. Este principio se intercambia con el primero, aunque difieren fundamentalmente entre sí. Lo único que estos dos principios tienen en común es que ambos tienen su propia identidad como medio para atraer a los clientes. Pero los actores del primer principio tienen un grupo objetivo específico, mientras que los actores del tercer principio no tienen un grupo objetivo explícito. Debido a que los actores se dirigen a un grupo objetivo explícito, surgen obligaciones. Ejemplos típicos pueden ser inscripciones como *Kosher* o *Halal* en restaurantes, que están claramente dirigidas a comunidades religiosas judías o musulmanas para simbolizar que tienen en cuenta los deseos del grupo objetivo. Además, este tipo de estrategia es particularmente frecuente en las comunidades caracterizadas por la diversidad cultural. Por lo tanto, puede decirse que el propósito principal de este principio es crear un sentido de comunidad entre los clientes (Ben-Rafael 2009, pág.46).

Este último principio significa que los idiomas de minorías están subrepresentados en el público debido a los idiomas más dominantes. Estas relaciones de poder pueden llevar a que los actores más débiles se vean restringidos por el dominio de los más fuertes en el uso de sus propios recursos lingüísticos. Estas son normas legislativas establecidas por el gobierno. (Ben-Rafael, pág.47). Como se puede ver en los principios de estructuración de Ben-Raphael, los actores del «paisaje lingüístico» tienen diferentes intereses y motivaciones.

3. La representación visual del español en espacios públicos en Alemania

Con la ayuda de los principios de estructuración antes mencionados, que parecen ser útiles para el análisis del paisaje lingüístico de Alemania, se analizarán los nombres de las tiendas en el Cuenca del Ruhr. El objetivo es investigar dónde aparece el español en público, qué función tiene y para qué grupo objetivo está representado en público.

3.1 Criterio metódico

El corpus de análisis consiste en un total de trece imágenes recogidas entre agosto y septiembre. Las imágenes se recogieron en la zona del Ruhr, es decir, en el estado federal de Renania del Norte-Westfalia, y provienen de las ciudades de Essen, Bottrop y Gelsenkirchen. La búsqueda y recolección de las imágenes se hizo tanto a través de Google como en privado, de forma aleatoria al pasar. El descubrimiento arbitrario de los signos en español tiene la ventaja de que ofrece una visión más realista de la visibilidad del español en el público alemán. La búsqueda a través de Google, por otro lado, fue más específica, ya que buscaba explícitamente restaurantes españoles y proveedores de servicios en la zona.

3.2 El análisis

El primer ejemplo para examinar bajo el aspecto del paisaje lingüístico es el restaurante español llamado *PELAYO* en la cuidad de Essen. Las letras mayúsculas en el medio, que son el nombre de restaurante, son particularmente notables. La siguiente es una foto de la vista exterior del restaurante:

This picture was deleted by the editors due to copyright issues

Mirando primero sólo el nombre del restaurante, no se ve claramente que es un restaurante español, ya que PELAYO no es un nombre típico español. Pero tanto la bandera como las otras inscripciones que están a la izquierda y a la derecha del nombre del restaurante dejan claro que es un restaurante español. Las inscripciones *TAPAS* y *BAR* sugieren que es un restaurante asociado tanto a la cultura como a la cocina española. Si se examina históricamente el nombre PELAYO, se puede notar que el nombre se remonta a un noble visigodo, a saber, Don Pelayo. Pelayo fue el nombre del primer héroe nacional español y fundador de un reino en la zona de la actual Asturias, vivió a principios del siglo VIII y fue capaz de derrotar a una unidad morisca en la Batalla de Covadonga (Arteguais 2010, p.1). Si se considera el nombre del restaurante con el fenómeno lingüístico de los paisajes lingüísticos, se pueden sacar conclusiones sobre el grupo objetivo al que se dirige. La elección deliberada del nombre de un héroe nacional español indica que la intención es dirigirse explícitamente a las personas de origen español o a las que conocen la historia de España. Así, el dueño del restaurante quiere principalmente despertar el interés de los españoles. Según Ben-Rafael, esta estrategia representa el primer principio, porque la propia identidad se utiliza como medio para atraer a los clientes. De esta manera, el dueño promete dar a sus clientes una sensación de hogar cuando entren a su restaurante y coman, porque como muestra el menú de abajo, está escrito en español y debajo hay una traducción al alemán (Ben-Rafael 2009, pág.45).

This picture was deleted by the editors due to copyright issues

Si se mira más de cerca el menú, se nota que el idioma español es más dominante que el alemán, ya que se escribe tanto en mayúsculas como en negrita, mientras que el alemán se escribe en letra pequeña. También es interesante que el menú consiste principalmente en platos vegetarianos y en la oferta de pescado. Así, el diseño del menú y la elección de los platos podría tener como objetivo presentar las especialidades regionales de la región costera de Asturias. Se ofrecen delicias españolas para que los clientes españoles se sientan como en casa y vuelvan a casa satisfechos.

Por medio de la carta del menú está claro que sólo se ofrecen delicias españolas. Todas estas características confirman la suposición de que los españoles deben ser despertados explícitamente.

Además, el segundo principio de Ben-Rafael también se aplica, porque el nombre de una persona conocida nacionalmente se utiliza para despertar la curiosidad y el interés de la gente. Este nombre presupone el conocimiento histórico de sus clientes españoles, para poder concluir que se dirigen a clientes de un medio socialmente más alto (ibid.).

Otro aspecto interesante es la elección de colores para el restaurante. El color rojo, que también se puede ver en la bandera nacional española, se utiliza para el fondo. Por otro lado, las letras de las inscripciones están en su tono beige y aparecen amarillentas. Esta combinación de colores recuerda a la bandera nacional. Esta estrategia se utiliza a menudo para hacer visible un lenguaje en el espacio público. El simple hecho de colgar la bandera española en la entrada refuerza la suposición de que se está dirigiendo al cliente español, que vive en Alemania.

En el cartel, en el que también está inscrito el nombre del restaurante, se pueden ver dos veces los mismos escudos de armas. Este escudo de armas también se muestra en el menú; es un escudo de armas que lleva la letra P y tres símbolos: un toro, un pez y una vid. Como el toro representa simbólicamente el país de España, apunta a España. El pez representado podría indicar la región de Asturias, ya que se encuentra en la costa. La vid representa el sabroso vino que se produce en España.

La representación de un escudo de armas con símbolos tan complejos indica una vez más que se trata de un grupo objetivo intelectual.

En resumen, el uso del nombre de un héroe nacional de Asturias, el diseño del menú con platos regionales específicos y el uso de diversos elementos complejos en el escudo de armas sugieren que el principio *good-reasons* es muy aplicable, ya que se utilizan muchos rasgos culturales para presentar el restaurante (idid.).

Sin embargo, el propietario del restaurante puede utilizar la estrategia del *presentation of self principle* porque, con todos los rasgos culturales utilizados, subraya su identidad española. Utiliza los rasgos culturales para enfatizar la singularidad de su país. Incluso el menú, que está escrito principalmente en español, muestra que el idioma español es importante en su restaurante, mientras que el idioma de la mayoría sólo se muestra en letra pequeña debajo del español y sólo asume un papel de traducción (ibid.).

Si visita la página web del restaurante, notará que los propietarios han escrito un capítulo en alemán para informar sobre el nombre de su restaurante. También están orgullosos de las hazañas del héroe nacional español Pelayo y por lo tanto se enorgullecen de incluir una parte de España, especialmente Asturias, en el nombre de su restaurante. Por lo tanto, se puede confirmar la suposición de que los propietarios destacan especialmente la singularidad de su propia identidad asturiana.

El siguiente ejemplo que sirve como representación visual del español en el paisaje lingüístico de Alemania es un restaurante con una etiqueta de *Bodega*. Este restaurante está situado en la ciudad de Bottrop. Como pueden ver en la foto, el nombre está impreso en color rojo y con letras gruesas en el centro del signo. El color de fondo del signo es amarillo. A través de la elección de color de los actores, los clientes lo asocian directamente a España. A la izquierda del nombre del restaurante, las palabras *TAPAS* y *BAR* están escritas en mayúsculas. Encima del nombre del restaurante, la palabra *Restaurante* también está escrita en mayúsculas. Se nota que no se usa la palabra española sino la alemana para restaurante. A la derecha, sin embargo, no hay ninguna escritura, sino un logo del tipo de cerveza alemana

König Pilsener. Como en el cartel de la tienda se tienen en cuenta tanto el español como el alemán, se atrae la atención de ambos grupos objetivos. El interés que persiguen los actores en este restaurante podría atribuirse al principio de *good-reasons*, ya que se tienen en cuenta los valores del público y se satisfacen los deseos y necesidades de los clientes.

This picture was deleted by the editors due to copyright issues

Se puede suponer que *s* es un restaurante que supone que se dirige a dos grupos objetivo, los alemanes y los españoles.

Según el DRAE el término *bodega* viene del latín *apothēca*, y este del griego. Significa depósito o almacén. Por lo tanto, es un sitio donde se almacena, guarda y se cría la bebida del vino para su conservación (DRA 2020, pág.1). El nombre no tiene un significado histórico como en el ejemplo anterior. Contextualmente, el nombre puede interpretarse en el sentido de que los clientes sólo pueden disfrutar del mejor vino en este restaurante. Aunque la presencia de la lengua española está presente, no domina, ya que el menú está escrito exclusivamente en alemán.

El tercer ejemplo muestra otro restaurante con el nombre de *Plaza Madrid*. El nombre está escrito en letras mayúsculas en el centro del signo, que tiene un fondo blanco. Debajo del nombre están las palabras TAPAS Y MÁS, ligeramente más pequeñas, pero aún en mayúsculas, y también impresas en rojo.

El siguiente restaurante que se presenta se llama *Don Carlos* y está en Oberhausen. Como el nombre ya indica, los actores se refieren a un famoso nombre español. Con este nombre, uno asocia involuntariamente a España.

This picture was deleted by the editors due to copyright issues

Los colores de la bandera nacional española también se utilizan para el nombre de este restaurante. Como pueden ver en la foto, Don Carlos está escrito en letras amarillas y la bandera española se muestra a la derecha y a la izquierda del nombre. Además, el letrero, donde está el nombre del restaurante, también muestra los logotipos de los tipos de cerveza *König-Pilsener* y *Diebels*. Como el nombre del restaurante va acompañado de los logotipos de los dos tipos de cerveza alemana, se puede suponer que se dirigen a dos grupos objetivos, a saber, el grupo objetivo alemán y el español.

La fachada del edificio también es roja, de modo que los colores amarillo y rojo de la bandera nacional española están claramente representados.

Si se investiga el contexto histórico del nombre, se encuentra que Don Carlos fue el hijo mayor del rey Felipe II de España y su primera esposa María de Portugal. Sus padres son parientes tanto del lado materno como del paterno, por lo que el infante muestra graves consecuencias hereditarias del matrimonio familiar. A pesar de estas circunstancias, en 1560 Don Carlos fue reconocido por la nobleza española como Príncipe de Asturias y, por tanto, como heredero del trono español. Dos años después Carlos, de 17 años, sufre una fractura de cráneo en una caída por las escaleras y cae en coma. A través de una audaz operación, los médicos le salvan la vida. La relación padre-hijo está marcada por la desconfianza, por lo que Felipe II hace que su hijo, incapaz de gobernar, sea arrestado en presencia del Consejo de Estado e inicia un juicio por alta traición. Don Carlos murió a la edad de 23 años, dejando muchas especulaciones sobre su muerte (WDR 2 2015, pág.1). Los antecedentes históricos no permiten ninguna conexión con el nombre del restaurante, por lo que se puede suponer que es un nombre arbitrario. La única peculiaridad es que los actores querían usar un nombre típico español.

Dado que los actores tienen en cuenta los deseos y necesidades de sus clientes, esto puede atribuirse al principio de *good-reasons* de Ben-Rafael (Ben-Rafael 2009, pág.45).

This picture was deleted by the editors due to copyright issues

Los colores de la bandera nacional española están pintados a la izquierda y a la derecha de la entrada del restaurante. El uso del nombre de la capital de España para el nombre de su restaurante despierta el interés y la atención de los españoles. Esta suposición se remonta al principio de *good-reasons* de Ben-Rafael, ya que el actor utiliza las características culturales para atraer a los clientes.

Los siguientes ejemplos de la representación visual del español en el paisaje lingüístico de Alemania difieren de los anteriores y pretenden mostrar que el idioma español no tiene que aparecer sólo en un contexto comercial. El primer ejemplo es un signo de una práctica dirigida por una doctora de origen español en la ciudad de Essen. Sólo el nombre *Maria Inarejo* del doctor indica que tiene raíces españolas.

This picture was deleted by the editors due to copyright issues

Si se visita la página web de la consulta, el idioma español está presente.
En la página principal se encuentra información adicional sobre los idiomas hablados en la consulta y se aprende que los pacientes también pueden hablar con asistentes y médicos en español. A continuación, se presenta la sección de información sobre los idiomas hablados en la práctica:

This picture was deleted by the editors due to copyright issues

Como el encabezamiento está escrito tanto en alemán como en español, se puede interpretar que los idiomas tienen el mismo número de caracteres en su práctica. Además, las letras no difieren en forma o tamaño, lo que refuerza la suposición anterior. Utiliza la bandera española para llamar la atención de los pacientes de habla hispana. De este modo, se reconoce que el médico recluta tanto a pacientes de origen español como a pacientes de origen alemán. Según Ben-Rafael, se utiliza la estrategia del principio de las buenas razones, ya que se tienen en cuenta los deseos y necesidades de los pacientes.

El segundo ejemplo es una oficina compartida, llamada *CASA Rechtsanwälte*, con diferentes abogados. Esta comunidad de oficinas se encuentra en Essen. Es inmediatamente sorprendente que la palabra española *CASA* se combine con la alemana *Rechtsanwälte*. Además, las dos palabras son diferentes en color, ya que *casa* se escribe con mayúsculas amarillas, mientras que la palabra *Rechtsanwälte* se escribe con mayúsculas blancas. El signo en el que están impresas las dos palabras tiene un fondo negro. Por lo tanto, la palabra *CASA* se destaca especialmente en el primer plano.

This picture was deleted by the editors due to copyright issues

A primera vista, el suplemento alemán da a los transeúntes una orientación sobre qué institución está involucrada. Sin embargo, si se examinan los motivos de la denominación en un segundo vistazo, no se llega a una conclusión rápida. Dado que el bufete de abogados abarca varios campos del derecho, como el de la migración y el laboral, podría suponerse que el nombre de *CASA* tiene por objeto servir como una especie de reclamo para las personas de España que emigraron a Alemania. Así, los actores podrían intentar utilizar la expresión *CASA* para crear ciertos sentimientos de confianza y ayuda entre la población residente en España. Esta intención es también una característica del principio de *good-reasons* según Ben-Rafael (Ben-Rafael 2009, pág.45).

4. Conclusión

El empleo y la investigación en el multilingüismo visual es relativamente nuevo. Sin embargo, debido al creciente multiculturalismo, el «paisaje lingüístico desempeña un papel considerablemente importante. Ben-Rafael elabora cuatro principios centrales de estructuración que son importantes para el análisis y la función de los signos comerciales individuales en el «paisaje lingüístico». Con la ayuda de estos principios, es posible averiguar qué grupos de destinatarios son reclutados por qué actores y qué medios utilizan los actores para atraer a los clientes.

Basándose en el análisis de este trabajo, se puede concluir que la presencia visual de la lengua española en el paisaje lingüístico alemán es principalmente en el sector gastronómico y pretende atraer a los clientes. Se pueden encontrar muchos ejemplos. En otras áreas de servicios, como las peluquerías o las empresas de transporte, el idioma español no se ve a menudo en el paisaje lingüístico alemán. Esto podría deberse al hecho de que los turcos representan el mayor grupo migratorio de Alemania en lugar de los españoles (Bundeszentrale für politische Bildung 2018, pág.1).

Además, el análisis mostró que los letreros del restaurante se encuentran en representaciones monolingües en español. Sólo ejemplos aislados como CASA Rechtsanwälte combinan ambos idiomas.

En cuanto a los principios de estructuración de Ben-Rafael, puede decirse que el principio de *good-reasons* es particularmente aplicable en el paisaje lingüístico alemán. Esto podría justificarse por el hecho de que tanto la cultura como el idioma español son cada vez más atractivos en la sociedad alemana y, por lo tanto, el idioma se utiliza cada vez más en contextos comerciales.

En resumen, el «paisaje lingüístico» es un fenómeno lingüístico importante para comprender el multilingüismo visual. Los principios de estructuración de Ben-Rafael son de particular importancia, ya que estos principios permiten sacar conclusiones sobre los clientes reclutados. Además, estos principios pueden utilizarse para investigar qué características culturales utilizan los actores para que la función del idioma español sea comprendida por el público alemán.

5. Bibliografía

- Ben-Rafael, Eliezer (2009): "A Sociological Approuch to the Study of Linguistic Landscapes", en: Shohamy, Elana, Gorter, Durk (Hrsg.): Linguistic Landscape: Expanding the Scenery. Routledge New York and London, pp. 40-55.
- Bundeszentrale für politische Bildung (2018): Ausländische Bevölkerung nach Staatsangehörigkeit". (disponible en https://www.bpb.de/nachschlagen/zahlen-und-fakten/soziale-situation-in-deutschland/61631/staatsangehoerigkeit).
- Diccionario de la lengua española (disponible en https://dle.rae.es/bodega?m=form)
- Franco-Rodríguez, José M. (2007): "El español en el Condado de Miami-Dade desde su paisaje lingüístico". *Lingüística en la Red,* 5 [en línea] (disponible en http://www.linred.es/articulos_pdf/LR_articulo_28112007.pdf)
- Haase, Andrea (2014): "Erfolgsgeschichte – gelungene Integration spanischer Einwanderer". (disponible en https://www.escaminal.de/erfolgsgeschichte-gelungene-integration-spanischer-einwanderer/)
- Kic, Joana (2018): "Sprachlandschaften – Möglichkeiten und Einschränkungen in der Erwachsenenbildung". (disponible en https://epale.ec.europa.eu/de/blog/sprachlandschaft-moeglichkeiten-und-einschraenkungen-der-erwachsenenbildung)
- Landry, Rodrigue y Richard Y. Bourhis (1997): "Linguistic landscape and ethno-linguistic vitality: An empirical study". *Journal of Language and Social Psychology*, 16, pp.23-49.
- WDR 2 (2015): "8. Juli 1545 – Spanischer Thronerbe Don Carlos wird geboren". (https://www1.wdr.de/stichtag/stichtag-338.html).
- Ziegler, Evelyn/ Eickmanns, Heinz/ Schmitz, Ulrich/ Uslucan, Haci-Halil/ Gehne, David H./ Kurtenbach, Sebastian/ Mühlan-Meyer, Tirza/ Wachendorff, Irmi (2018): "Metropolenzeichen: Atlas zur visuellen Mehrsprachigkeit der Metropole Ruhr". Duisburg: Universitätsverlag Rhein-Ruhr.